The Hail Clamjamfry

Poems from the North-East of Scotland

Published in 2020
by Tangletree Press, Aboyne

Doric Editor: Duncan Lockerbie
English Editor: Eddie Gibbons

Copyright remains with the respective authors

ISBN: 978-1-8380739-1-6

Tangletree Press would like to thank The Doric Board
for their support in the publication of this pamphlet

Contents

Guest Writer – Douglas Kynoch / 5

Aberdeen Writers Circle / 7

Aberdeen Writing Collective / 9

Aboyne Poetry Reading Group / 10

The Apothecaries / 11

Buckie Blethers / 17

Doric Dabblers / 19

Elgin Writers / 20

Ythan Writers / 21

Huntly Writers / 22

Lemon Tree Writers / 29

Mearns Writers / 35

Peterhead Writers / 39

Tangletree Writers / 40

Guest Writer – Sheena Blackhall / 44

Douglas Kynoch: Forhooiet

On a mirksome day,
'Neth a leiden lift,
Sic a waarm lowe heeld ma een;

Or a speirin fit
Fan a skweel-hoose shed,
Wi its roost-reid reef abeen.

Far this gale peat-shed
An the ricklin waas
O the twa-roomt skweel-hoose steed,

There haed eence been bairns
An a maister's lear
An the skirl of a couthie leid.

But the fairms are doon;
And the fock's awa;
An the bairns are aald or gane;

An it's tint aa hert
Yon forhooiet airt,
Far the sklate's near dichtit clean.

Douglas Kynoch: Morven

Yon pentin o Morven was gien till's lang syne;
At Christmas nae doot, tho A canna richt myn.
The untie it cam fae haed maist lickly kent
That me an the muntin haed eence been acquint.
Ay, ablins A'd telt her o yon canty day
Fan three o's drave ootby tae Cambus o May;
Masel an twa student friens boun for Cromar,
The loon wi his rodd map; the quine wi her car.
Syne, there was the muntin ablo the sinsheen,
Tho aften there cam a bit clood in atween;
But rain, hail or sna-drift, we ettlet tae sclim't
Or lay doon oor lives i the verra attimpt.

'Twas Jen set the pace for's. A tow-heidit quine,
She wan tae the tap an leeft baith lads ahin.
Syne Daavitie follat, a buirdly young chiel
Fa dang aye at roch, dubbie ba-games at squeel.
Than, lang aifter Daavit, ma tongue hingin oot,
An sploot'rin awa lik a watterless troot;
Forfochan, near foonert (tho deein ma best)
A tyaavit on up or A trachlt in laist.

In life, lik on Morven, Jen wan tae the heicht;
An fegs, fan she gat there, than oot gaed her licht.
Syne Daavitie tee haed the warld at his feet;
But aa he'd greent efter was tint fan he deet.
An fat o the chielie that brocht up the rear?
For aa that he's warslt for mony an ear,
Files hirplin, files raivelt, aye waur o the weer;
Yit, Hivven be thankit, at least he's aye here.

Alasdair Gordon: Flowers of the Field

By the memorial at Thermopylae,
a child has left seven or eight wild
cyclamen, their stems bruised by the hot
hand which gathered them from the hill.
"Go, stranger, tell the Spartans
that here we lie…

… tell Donnachaidh

the clans have broken."
By a standing stone
at Drumossie Moor, someone has left
foxglove, buttercup, dandelion,
grass with its seed-heads and tufted vetch,
jumbled by the hand which plucked them from the field.

Anna Neil: Gan Aboot Hennies

North East of Scotland Hen Rescue

'Foo muckle di ye want?' he croaked,
Coarse and rough he wis.
Then, wi hands like spades and nae hert,
he pulled ye oot,
Feather-bare wings flappin aroon in panic.

Och, poor birdies!
Nature never meant for ye,
as bald an feart an never free.
Wi ludgin daurk, aa in a shed,
Ye didna even hae a bed.

But noo – look at ye!
Gan aboot hennies – bonny and prood,
Fa strutt their stuff,
Wi voices lood.

Fa scratch aroon,
Frae dusk till dawn,
Wi thrapples fu o slugs and corn,
Contentit…
Daein fit hennies dae best.

Noo hennies, in this gairden
Ye'll aa stay, tae bide here
till yer dying day.

Sheila Reid: Native

Far are ye fae, ma daddie, ma dear
Fit's bin the length o yer journey?
Oh I hiv made steens stan on their heids
N forests boo down tae the soon o ma aix
The swack reed deer wid stop rennin for me
N the goshawk wid gie up its prey
Ah dinna see at ma daddie ma dear
Nae far yer sittin iv noo
The waters rin deep in this body o mine
Ye canna see that, ma dother ma dear
There wis a time o the golden tongue
Only matched b' the win and the soughin trees
There wis a time o things te be deen
Fan we moved as the lairds o the liel
Bit fit happened te ye ma daddie ma dear
There's nae inklin o that in yer mien
The golden leaves fell, ma dother ma dear
Choked oot wi a new evergreen
The steens were dressed an bigget high
An warriors were pit te the ploo
An fit did ye dee, ma daddie ma dear
Noo ye were dumb at the moo
We went into the grun, ma dother ma dear
Learned the new songs, fed on the crumbs

Choket back fit we'd been, pecked at wir flesh
And forced fit we hid in the moo o wir young

Gillian Gordon: Craig nam Ban

One night in late October
the moon,
big as a prize pumpkin
and tinged red,
seemed to float
above the crown of Craig nam Ban,
hill of the woman.
Burning place of witches.

Katie Rankin,
condemned by the Barony Court,
confined in the Castle cell,
shackled hand and foot.

French Kate,
weaver of webs.
Effigy burner.
Caster of spells.
Feared and punished.

Burned on Craig nam Ban,
a shadow cast
on the moon's memory.

Bernard Briggs: Shire 1 – Coast

My duffle-coat pocket rattles
with sea-glass as I walk.

In the bay: eleven turbines
twist north-east air. Grazing
energy, punctuating
the swing of anchored boats.
Primary colours resting in the haze.

A lunchtime moon pushes foam
up the slope of Balmedie sand.
The dune-top marram grass beyond,
quiffing in the granular wind.

I breathe in,
salted lips cracking a smile.

Richie Brown: Night Sky at Arnage

Stars don't come out at night, he said.
The absence of light and, here,
the rich, black, country dark
allows you to see them.

I looked for three closely-packed stars.
There's Orion, I pointed upwards.
I guess he's hunting something, but what that is
depends on where in the world you are.

That's it, he said. *The lines were drawn by Babylonians.*
Had others looked upwards and traced the patterns,
Rigel and Betelgeuse may have been torn apart:
characters in separate legends.

Ian Grosz: The Smiddy's Daughter

Come noon, the horse's neck
brings these swimming memories
back, from where the drowned cry out
their love, held in that stuffed toy,
stitched from canvas, old rags;
given as a gift for a newborn,
brought those many miles to keep
your daughter sleeping sound
before he again, packed that kit-bag,
said his last goodbyes, though
you didn't know it then, nor he.

She will bury you one day:
soon carry you out
from the cottage where
you and your father the smiddy bade,
the tang of hot iron in your mouth
and at noon your father's arms
held you and that horse's neck
to sweeten the sweat of his toil,
the strength of his arms still
in that bitter taste. You doze to sleep,
stovies on the boil – and dreams –
of the dreams she might keep.

Haworth Hodgkinson: Northern Lights

Never seen the aurora, you said,
and I was determined
that this would be the night.

I explained the magic bond that forms
between you and the person you're with
the first time you see the sky dancing.

I made sure we had a good meal
to keep us warm
with enough wine to enhance the perception.

When it was dark, we stumbled to the hilltop.

There was a faint light in the north,
not vivid, like in the pictures,
but a definite orange flicker.

It was enough. Our bond was sealed.

I gave thanks for the flare stacks
of the St Fergus gas terminal
beyond the northern horizon.

Mandy Macdonald: The Wind's Economy

The North Sea wears blue today,
edged with tawny sand, green frills of seawrack.
Behind the old fishertown,
a regiment of giant silver-armoured silos,
glutted on oil and cement.

The wind will not be ignored. He jostles,
boasts. His ozone scent is elemental.
He knows he's always made our city's wealth.

Once, he bellied the russet sails
of herring fleets, sang them out of harbour
to plenty or to death. The silver shoals dwindling,
he crooned a new song of gain
around flarestacks and platforms,
supply ships like painted icebergs.
Now he leads the wind turbines' slow waltz.
His gale-rage tamed, he is his own harvest.

But in the old village, the fishers' cottages
crouch like grey granite cats, turn their backs on the sea.

Catriona Yule: The Fisherman

Light creeps doon,
shrinks to an eye
o'er ma shooder.

Fingers stutterin,
workin the knot
that willna give.

Ma stomach girns
in waves o sweat,
the gulls squealin.

An angel's breath
slicin the silver,
a voice caa'in oot,

The eye flickerin.

Caroline Fowler: Ghosts o Silver Darlins

Er's incredible stories o the Herrin Boom years
Fae Shetland tae Yarmouth – blood, sweat n' tears
Guttin quines, packers, cooper loons tee
Brave hardy fishermen, embracin the sea.
Castin their nets for the hairst o fish
Gettin hame safely, their ae dearest wish
For the perils at sea are beyond aa belief
Causin mony peer faimlys hairtbrak n grief.
Castin oot nets that wid drift ower the sea
"Come awa Silver Darlins – come awa tae me."
Shoals o herrin wid gaither, syne nets stappit fu
Hale't aboard socht sheer strength fae the hale o the crew.
Fae the icy caul watter in darkness they came
Syne boats turn't aroon n heided for hame
Nae time for sleep noo, keep watch ower the sea
Syne lichts o the herbor, safe welcoming quay.
60 herrin a meenit, quines gutted n packed,
Ticht intae the barrels, sae neatly stacked.
In-atween guttin, hauns idle? Nae fear!
Content wi their wusset, wusker n weirs.
Less herrin tae catch noo the watter's near teem
Days o fishin like thon, jist mynt in a dream
Nae mair bandaged fingers, o young fisher quines
Lang days far fae hame, gye wearisome times.
A different kettle o fish – wi black ile, n praan
Win turbines affshore scar oor aince bonny lan
Ghosts o wee Silver Darlins glisten in the sea
"Come awa Silver Darlins – come awa tae me."

Linda Smith: A Wye o Life

A wee wifie stans bi the herbour waa
Weerin claes richt doon tae her queets
An aul wisset sha'al rou'd roon her neck
N worn oot sheen on her feet.
She looks gye forlorn as she boos her heid
In contemplation n prayer
For fishermen oot in that coorse, dark sea
A thocht she fins hard tae bear!

For 30 odd eers a fisherman's wife
N bairnies… she's brocht up siven
A gye tyeuch life thiv hane tae endure
Jist tae mak a livin.
She mines on aa the eers geen afore
Fan she worrit baith day n nicht…
Fin her loonies wid speir "Fan's daddy comin hame?"
Wi a clootie she'd gie her een a dicht!

Noo they are nae langer bairns bit men aa groun up
N tae the fishin thiv geen athoot hesitation
For the callin o the sea – it's in thir bleed ye see
It rins throu the generations.
Her hairt is fu n her een weel up
As she hears muckle waves crash n roar
Bit it's her Faith thit keeps her Spirit calm
In the belief they'll be guided safely hame tae shore.

Jackie Ross: Fa Wid Weary in a Wid?

As A gid pleiterin throu the wid
Ae mochie winter day,
The sun weel happit by the cloods
Ma heirt – heavy as clay,
A hunner thochts wint roon ma heid
An left ma aa agley.
Doon i the moo wid describe ma fine,
Doolsome some micht say.
Then aa at eence a wee vice fuspert,
"Fit wye are ye sae fey?
Shak aff this weary trachel quine.
Pey heid tae this braa day."

A leukit roon bit nae een A saa
Nae ither body wis there ava.
Bit the jirg an moan o the auld Scot's Pine
Cadged ma oot o thon state o min.
Brichter noo A leukit aa aroon,
Senses alert tae sicht an soon.

The flutterin din o some fleggit craas,
The tower wi ivy-happit waas,
Roosty broon leaves rottin intae the grun,
A puddock loupin by richt far A stun,
An orange nibbed blackie hoppin ahin a steen,
The nyaakit branches o the bonnie gean,
The scrauch o the buzzard as he flees aboot the birks,
A startilt wee roe as feel's a stirk.

"Fa wid weary in a wid?" speirt the wise man.
"Nae me! A'll ging as aften as A can."

Dawn Tripp: The Making of a 10-Year-Old
(After Edwin Morgan's 'Archives')

WHISKY
whiszzzzzzzky
whiszzzzzzzky
whiszzzzzzzky
whiszzzzzzzky
whiszzzzzzzky
whiszzzzzzzky
whiszzzzzzzky
whiszzzzzzzky
whiszzzzzzzky
whiszzzzzzzky
h i w y k s
k h s I w
l k h w
l k w
k l
w

Ted Munyard: The Old Oak Tree

In the evenings, down the lane, we'd idle hand in hand
unto a field where stands an oak, so splendid and so grand,
with ivy clinging to its trunk, extending to each bough,
and green grass grows around its feet, avoided by the plough.

We'd cuddle there as lovers do, without a single care.
I'd gaze upon her bonny face and flaming titian hair.
She was the loveliest creature a body could desire:
is it any wonder that she set my love afire?

The years have passed,
now she is gone but in memory she will be
sitting on the grassy bank beneath the old oak tree,
waiting for the time when I can meet her there again,
waiting patiently, my love, in sunshine or in rain.

But in my thoughts I know if I should go
to see her in the past, she will be there
with auburn hair as long as memories last.

But should I sit beneath the oak where grass
this year has grown, I know that there beneath the oak
I'll sadly sit alone.

Carol Ann: Pictish Place

I must go back to the hills again,
The heather'd hills and sky;
Where wild wind blows, rain stings the face
And clouds go scudding by.

Carved stones with fishes, disc and bar,
The broken arrow and boar;
Each stone a symbol of marriage and power
They mark a boundary and more.

And on a hill, stands the fiercest of all,
Guarding the royal domain;
A Pictish warrior with sharpened teeth
And an axe at the ready to maim.

Now 'tis more than a thousand years,
How quickly time has flown;
Carved stones still stand as sentinels but
Their symbols are weathered and worn.

Lonely graves lie 'neath sand and dirt
Flat stones mark a last resting place;
Dark lines in the earth and a few paltry remains;
Vague remnants of the Pictish race.

I must go back to the hills again,
The heather'd hills and sky;
Where the wild wind blows, rain stings the face
And life goes scudding by.

Mary Burgerhout: Delight in the Doric

As one who's come to live in a little north-east town
I've been charmed by many features – such as the couthy sound
Of Doric being spoken with its quirky turns of phrase
Here are some of those that have brightened up my days

I'll hear a cheery greeting as it's called across the Square
It's "Hello wifies!" aimed at an unsuspecting pair
There's a "Fine day!" from a neighbour if I happen to pass by
And I know there's tea and cake if she adds "Come for your fly"

The weather is a subject that is frequently discussed
I might say it's cold today, or my, there's quite a gust
The Huntly folk concur, most succinctly I do find
They sum it up in just two words,"caul kind" or "windy kind"

As sure as eggs is eggs – an unimaginative phrase
To state a certainty there must be a better way
There is, and you can find it here in the north-east
Where something is as sure "as a cat's a hairy beast"

"But well well" is my favourite, I heard it many times
Before I worked out what it meant (a bit like that word syne)
It seems to represent resignation and ennui
But every time it's uttered, it's linguistic joy for me

I'm closing with the sign I saw outside someone's front door
A glossy yellow coat of paint the entrance freshly wore
And to alert all visitors was a less than subtle hint
Written on a stone – sublime! – the words "affa weet pint"

Phyllis Goodall: Comin Doon Hale Watter

Comin doon, comin doon,
Comin doon hale watter,
Win comin hurlin fae the east,
Reef slates gyan clatter.

Faur's the bonnie winters
We eest ti get lang syne?
Dry snaa glitterin in the sun
Sleddies gyan fine.

If this is Global Warmin
We'll need some ane ti blame,
The bide-at-hames wi their heatin
The flee-abroads wi their planes.

Janice Keir: Super Pylons

Your creator shows me plans and measures
fifty metres of indifference. He offers roads
to run over rick-rack lanes, and skeletal limbs
to silver-frame this flow of hills. But I know you well.
I've seen you pierce the moon, followed her slow roll
of collapse across your stabbing peaks. And I've seen
a lean of cattle flinch from your drooling hum
as flashings strike a tenderness of eyes.

You think you're born from need, or maybe love.
But later, when your creator's spark is dulled,
when only his remorse remains untarnished
he'll think on how your load transformed
into each beast's burden, as a new moon's resolve slips
through his opening shutters.

In December 2016, I was visited by two representatives of Scottish Hydro Electric-Transmission. This visit was prompted by my concerns over the then plan to erect fifty-metre pylons over a significant swathe of the north-east countryside as part of the Beauly-Blackhillock-Kintore reinforcement project. During our conversation two things struck me: the life force the 'paper' pylons already possessed and, in one of my visitors, an unexpressed yet clear discomfort with the company's proposal.

Maureen V Ross: Finders Keepers

If you should have
a blank page that needs filled
and you are seeking a flock of words –
set your traps carefully.

Words can be very suspicious
difficult to catch
shying away at the slightest
movement towards a pen.

You have to pretend
that you couldn't care less
that the paper the pen and the desk
are purely for decoration.

You have to idle with a clutch
of polished pebbles in your hand,
stare at passing clouds,
rummage in boxes

that that have been closed
for a long time,
till the words come creeping
of their own accord

mesmerised with curiosity
and drop into your mind
where they can't get out
except through the tips of your fingers.

Linda Smith: Meetin

Ae fine simmer mornin
bricht wi lupin an lavender
I peg oot washin likin
the feel o clean damp sheets
on my face as they furl ower the tow
a sail takkin the win

ahin me a blackie screichs
shatterin the quaet o the day
the kirn o honeysuckle at the fence
rives aboot twigs snap an crack
an a stramash o spurdies
birl oot aa wey girnin sair

I turn hert loupin
an meet the ee o a sparrahawk
dark unblinkin
nae o my warld
ae skeely claa pins doon
a dusty bourach o feathers
hersel she hauds ma gaze
afore steppin up an awa
leavin ahin a silent gairden

Group Poem: A Doric Renga (excerpt)

Dreel by dreel the shaws stan up
files anneth the grun
happit tatties grou n chap.
Hine awa a pewlies wing scythes
the scoored blue o the lift.

Knowperts, blaeberries, geans we'd pu;
bellies sair, moos aa blue…
did they mak up wir five-a-day?
Waater faa'en fae the lift, an waater rinnin ti the sea;
waater, tamed in tanks an pipes an waater rinnin free.

Peer snottery craiturs, the byre kittlins,
fed on saps and fu o disease
but keppin aye the squirt fae the milkin coo.
Abeen the widdie, a caul meen, a flichterin star
aye yokit, aye watchin, jist aye.

Simmer nichts fan the licht bides
lang on the hill, saft an grey
like the cushie-doo's briest.
Faa will tak care o the Doric tongue
fin oor generation's awa?

Pit on yer semmit if ye're caul.
Ach, pit on twa;
aifter aa it is A'gust.
He taks a bout wi his aul scythe;
mither gaithers up ahin him.

Ian Anderson: Castlegate Saturday

Lookin thru the crackit windae pane
Ower the Castlegate mairket
The stalls o auld claes
Pots an pans
An dog eared paperback books.

A crood gaithert roon a mannie
Sellin cheap china
At the far end o the car park
Twa winos haein an argy-bargy
An far awa, ower the rooftops
The floodlichts comin on at Pittodrie.

Richard Anderson: School Fur Selkies

Tae AUCHILTIBUIE, then trevel ten mile
tae the heid o a sea loch, by path an by style.
Nae wey in fur caurs, access only by sea,
Bog myrtle an heather, just yae stuntit tree.

The heids o the college slide oot owr the stanes,
their purpose, the Selkie, her legend maintained.
Black pelts an fine whiskers, heids intae the ring,
anthems o praise tae the temptress they sing.

The seas hae bin trawlt, seal quines gethert in
seductress selection's aboot tae begin.
She must ken hoo tae shape shift, persuade a young man
that life in the sea worl's much better than land.

Six noo hae bin chosen, fur looks an fur style,
instruction commences, seals taught hoo tae smile.
Wi courses completit they're ready tae leave
an trap callow laddies, leave mithers tae grieve.

Afore they're released, graduation fae school,
the heid o the college lays doon the main rule.
O this place an its teachings they nivir must tell,
or thir grant aid fae Edinbra wid ging aa tae hell.

Lesley Benzie: Fessen in the Vernacular

At times, life can be a North Sea wave,
brakkin ower me, cauld an hard like a fist
Ah'm nae quick enough tae sidestep.

Like lost loves, it taks ma breath awa
an Ah'm soaked through,
unable tae cling tae the perts o me
nae shaped by the hershness.

At others Ah'm a driech island landscape
shot through wi the strength o slate grey,
dense volcanic rock.
The dark violet sky circlin owerheid.

Theday, Ah took ye past
the Fittie Bar, ma Da's favourite,
far ma faimily congregated tae bid him his last.
There is ane o them wide blue skies
turnin the sea a deep bluegreen like his een.

Ye mock ma accent that shifts
back an forth fae Glasgow, ma spiritual hame
an back tae Aiberdeen
like the wee waves lappin at oor taes.

Despite the charged sea life smell,
jist the same the salt smerts oor kisses.
An Ah'm grateful for it aa
an that ancient ability
tae think wi ma hairt.

Brenda Conn: Stoney Baths

Mind fin we gaed tae Stoney, ane o thae grey simmer days?
it wis caul an dreich, nae bonnie
let's ging furra dook ye says

Thae changin cubbies wis baltic, a smirr o rain in the air
bit the waater wis waarm an saalty
an hauf o Stoney wis there

A mistie o steam wis risin, mebbe a fit ur mair
abeen the waarm waarm waater
ablow at caul caul air

We jist cooried richt doon an plootered aroon
oor nebs scarce clear o the waater
nixt rain cam dingin doon

Eftir ah wis chitterin, saalt nippit ma een
ye gied me a bosie an happit me ticht
an ah wis waarmit seen

We saet in the caar aetin chips, heatin oan fill blast
waatchin scurries aa blawin aroon
an white-cappit waves crashin fast

At wis sic a rare aifterneen
fit wye div we niver ging back?

Ann Nicol: A Holiday Awa Fae Hame

Ma femily's affa guid tae me
An the morn we're awa on a trip
Tae Cairo they tell me fariver that is
An we're travellin there on a ship

Noo mither ye've jist tae enjoy yoursel
Ye can sweem wi the bairns for a file
Then ye'll see later oan aa the fairlies
Fan we go for a cruise on the Nile

Tae be honest ah'm nae that excitit
At the thocht o seein' the Sphinx
The pyramids ah've seen in the picters
Ah'd rether be at hame oan the links

Ah canna be deein wi san an fleas
An' fowk trying tae sell me trock
Nor div ah funcy a Persian rug
Or hae need o anither froack

Ah've tried tae tell the femily
Ah'd enjoy masel a lot mair
If ah could jist sit doon and dee naethin
Bit maybe that widna be fair

Ye'll think ah'm an ill-natred besom
Efter aa they're deein their best
An ane o this days they're gyan tae say
Oh mither, jist gie it a rest

Terry Pearce: Piper's Lament

(for Cousin Mike)

A rig exploded the other day
Killed a hundred and seventy or so they say.

Maggie's coming up on the morrow,
to show us all her grief and sorrow.

Compassion I suspect it isn't,
she was probably pleased the
rescue services were cost efficient.

The money men will have their say,
as to who's to blame, and who's to pay.

But the real price was paid by those men lying dead,
on the bottom of the sea bed.

Alistair Lawrie: The Win

The win's caal croonin owre the bents
tousles the shockheided windlestrae
like deid men's hair, listlessly;
aa slickit wi the moon's queer licht,
win shuffelt shadows mak it seem
girse tremmles in hands far below
as flaggin pennants or the memory
o spears. Win blaws owre the ribs o sand
a coorse an dusty mool that gars
the deid to lie uneasy in their lairs
an syne there comes a noiseless step,
a voice half heard whose sibilance
sinks doon an whispers wi the sea.

Susan Miller: A Measure o Standin

The spik o the playgrun as the hairst rolled in.
'Fa are you pickin for this year?'
wis fuspered an speired an craa'd an blaa'd:
a measure o agricultural standin wis at stake.
'Fit are they peyin?' wis socht neist.
Nae pint in stallin, teens tak nae prisoners.
'Ye'd get mair back on a Hay's bottle,'
wis a loss o standin.
The Rolls Royce o them aa, Slackies.
Nae a float fae the square at sivven,
but at eicht, a landie fae the gate:
a richt measure o standin, wis a Slackies pick-up.
'Will we shift the dreel pegs a bittie?'
wis aye tried. Pitches paced oot
were shoogled an swicked an swyted an blighted.
A measure o daily standin, tae beat the Fordie.
The Slackie het buttery meant fly time.
Wi lunch ahin a strae bale,
stretchin wir backs ower its arch.
A measure o a tattie picker, wis sair beens.
'Will we choke the digger wi stanes?'
wis dared by some. Rotten tatties hurled ben
as pickers ducked an lobbed an skirled an birled:
a pitching airm wis a necessary measure.
The hale wikk, boo'ed ower, clarted, liftin marises
an coupin baskets, til lowsin time on pey day.
A measure o standin, wis tattie pickin siller.

Marka Rifat: Mons Graupius at the End of Battle

Far's yer spears noo, sodger loon?
Far's yer chieftain noo, fa's
caad the fairmer, fa's plood
ma hail kin inta the grun?

Fae Bennachie, Ah seen ye aah
glowand ben the haar,
yer airmour like tae a foo meen.
On ye cam, mair an still mair,
bit we wis not afeart on oor mither hill.
Ah seen ye makin aye stracht on shammelt lan,
sodgers, aye an wytin shilts, like timmer.

Then, oh the bliesh o bleed, the skoils, the skraichs.
Ma ain kin and kin o aa lans cut tae the been.
The Diel's lang hairst lowsed on aa gweed sowls.

Fit say ye, Diel?
Yer vice is watter on sma steens.
Yer wirds are wind, ben this wid.
Yer slubberin braith is snell an techt.
Fit wye d'ye rax fer ma hair, dis it mind ye
o the lowes o hame, hine awa?
Yer blak skin an skirsp hair minds me
o stormit barkit cloods that
hurl rain fit tae claa ye raw.

Chiel, Ah wid tak yer life, bit it is gaan.

John Wigham Shirt: Haudin Doun the Days

Ivery sunny day thay'd gaither
lest o the spinners an weavers
daen wi towe an jute an weavin
last o the Mohicans, chawin
the fat an caiperin on the deas
agin the ga'el-end o aa bothy
aat the dowp o kirkburn –
whaur saft ocean swall sweelt
the bonnie peebly strand,
a hiuly steidi brattle, jus
aside whaur quinies taen
thair lifes by bervie stance;
for aa life o sweit and tuilye
aat selbie and craigie warks;
ane fesht the rowies, anither
fesht a flaskie, it wis a placie
o lauchter an loss an cheenge;
nou the mills wis gane an
'luxury' hoosies buildit
insteid, thair darg taen awa
tae furrin pairts lea'in thaim
tae haud doun the deas;
nou e'en the peerie bit
thay haed wis taen awa
frae thaim – e'en the deas!

*Haudin doun the days is a Doric term for unemployment
following closure of the Jute Mills in the North East of Scotland.*

Jean McKinnon: Maggie the Fishwife

Maggie wis a hardy quine, she bade in Peterheid,
She'd a bourach o bairns an mony moo's ti feed.
She haul't on her shawlie an strong sheen wi tackets,
Grabbit her fish creel an basket, set oot an wakkit.
She startit wi the fermtouns far she troakit fish for maet,
She got butter, cheese an eggs, an ither things tae aet.
Some folk gid her tatties an neeps, the mullert – a bag o meal,
Nae muckle siller changed hans bit Maggie wisna feel.
As the fish cam oot the creel, they full't it as far as they could,
Her femily wid aet the best fresh maet, makkin oor Maggie prood.

Simon Blake: Hillside

With diamond liquid darkness
highland water
erodes its falling path,

smoothing perfect islands
of granite, printed in mustard
with maps of lichen.

The velvet thick
smell of bracken
erupts with every touch,

its fibonacci fronds
marrying feathers and squid,
seem alien here.

So too the porcelain skull of a bird,
perfect, once fleet now still,
delicate in the purple.

Higher, white
and grey bones of heather
exhume from drying peat,

dessication driven by
a crystal wind
that chills the summer heat.

Wind that
nods a hidden orchid
and skims birds to the horizon.

Anne Campbell: Speaking in Tongues

White light, CAR.
Amber flashing, WARNING.
Down on the water, more chatter.
Green lights, SAFE PASSAGE
Was it red for port? Starboard?
Keep left or right?
But now the fish are drowning and the heather burns.
Across the loch, the road sends its warning.
Blue light, accident, ambulance, EMERGENCY.
The ghosts are dancing,
while all around
the ancient rock has barely stirred.

Anne Riach: Simmers Past

(Carsewell 1951)

I myn the fairmhoose faar I aince did bide,
A saft pirr-winnie souched thro muslin lace
And cairried wi't a sinacle o rose.
Bricht sunlicht creepit gowden thro the haa
Tae chase caaul mirky sheddas fae the waa.

They gaithered roon aboot, my auncient kin;
Men's foreheids fite faar bonnets hid the sun.
A leesome lass wi lang, steek-braidet hair
In licht blue simmer sark prigged oot wi sterns
Knelt doon by me tae tak my haun in hers.

Foo mony oors did flee afore nichtfaa?
Ae laist simmer, ane feenal hairst teen in.
Noo fiddle hings on waa wi rowth o kin
An auld fowk sit aneth them, grey wi dool,
Their corn-laft teem and ne'er a sang at Yule.

Ruth Powell: Orcadian Night

The lair-stanes were draped in midnight purple,
The Kirk looming above the bend in the road.
In the bay, grey seals were lying as peedie craft;
Ready to be launched into the slumberous sea.

The grey's rhythmic, funereal cries echoed
As if mourning shipwrecked souls lost to Selkies.
Here in the islands on every ninth night,
Between this life and the next, the skin is thin.

Sheena Blackhall: Twa Laments

1.

Things I should hae dane

I should hae nursed ye
On a cloud fur a cradle
I should hae showdit ye
In a bouer o hummin birds
I should hae bin a dream catcher
Catchin yer widdendremes
I should hae rowed ye in
Swan's doon, rose petals, gowans

First born. Could I reel back time
In a hairt beat I'd dae it
Bit I canna an coulnae
Ochone, foo I've larned tae rue it

2.

Doon in the Eirde Hoose
Ma son has gaen
There are stanes on his broo
There are stanes on his een

Masel like an auld dry stick bide here
The years pass by on ma deid loon's bier

The pink flooerin gean will turn tae black
Afore that he'll rise an I win him back
Pyson will soor the luvin cup
Afore the cauld mools gie him up

Doon in the Eirde Hoose
Wyte fur me
Thegither we'll bide till eternity